OWEN VALE

Studiare con intelligenza

Trucchi accademici per bambini e ragazzi

First edition

This book was professionally typeset on Reedsy.
Find out more at reedsy.com

Contents

Introduzione: Aprire la porta del successo accademico

Benvenuti nel mondo dello studio intelligente

Come genitori, navigare nell'intricato paesaggio del percorso accademico di vostro figlio può talvolta sembrare di imbarcarsi in un'avventura misteriosa. Gli intrecci di test, compiti e paesaggi educativi in continua evoluzione possono essere travolgenti. Tuttavia, non temete, perché questo libro è la vostra bussola, che guida voi e vostro figlio attraverso i regni dello studio intelligente.

Preparare il terreno per il successo accademico

Immaginate un mondo in cui vostro figlio non solo eccelle a livello accademico, ma sviluppa anche una vera passione per l'apprendimento. La chiave di questo mondo è la coltivazione di abitudini di studio efficaci fin dalla più tenera età. Questo capitolo getta le basi per il trionfo accademico esplorando il profondo impatto dello studio intelligente sulla traiettoria educativa di un bambino.

Nelle pagine che seguono, sveleremo l'importanza di instillare abitudini di studio efficaci e come, in quanto genitori, siate gli artefici di queste fondamenta. La vostra guida e il vostro coinvolgimento daranno forma non solo al rendimento scolastico di vostro figlio, ma anche al suo approccio all'apprendimento per tutta la vita.

Intraprendete questo viaggio con una mente aperta e pronta ad abbracciare i metodi presentati. Addentriamoci nel mondo dello studio intelligente, dove il successo non diventa solo un obiettivo, ma uno stile di vita.

Capitolo 1: Capire lo stile di apprendimento del bambino

Svelare il modello di apprendimento

Benvenuti nel primo capitolo di "Studiare con intelligenza: Trucchi accademici per bambini e ragazzi". Qui gettiamo le basi per il successo accademico approfondendo la complessità degli stili di apprendimento. In qualità di genitori, comprendere l'approccio unico di vostro figlio all'apprendimento è la chiave per sbloccare il suo pieno potenziale accademico.

1. Identificare i diversi stili di apprendimento

Comprendere le sfumature degli stili di apprendimento è come avere una chiave principale che sblocca il potenziale accademico di vostro figlio. In qualità di genitore, riconoscere il modo unico in cui vostro figlio elabora le informazioni pone le basi per la creazione di sessioni di studio personalizzate. Vediamo di esplorare i diversi stili di apprendimento:

Imprenditori visivi: Sono gli architetti della mente, che si affidano ad ausili visivi per assorbire efficacemente le informazioni. Se vostro figlio è un apprendista visivo, potrebbe trarre beneficio da diagrammi, schemi e illustrazioni colorate. Notate se usano spesso gli evidenziatori o disegnano mentre studiano.

Per questi studenti, le informazioni vengono assimilate meglio attraverso l'ascolto e la comunicazione verbale. Se vostro figlio è un apprendente uditivo, prendete in considerazione l'idea di incorporare discussioni, letture ad alta voce o l'uso di podcast didattici. Prestate attenzione se ricordano meglio le informazioni dopo averle ascoltate.

Apprendenti cinestesici: Questi apprendenti traggono vantaggio dalle esperienze pratiche e dal movimento fisico. Se il vostro bambino è cinestesico, incorporare attività come giochi di ruolo, progetti interattivi o pause di studio che prevedano il movimento può migliorare la comprensione e la ritenzione delle informazioni.

Studenti che leggono e scrivono: Le parole sono gli elementi costitutivi di questi studenti. Se il vostro bambino propende per questo stile, incoraggiate attività di lettura e scrittura come prendere appunti, riassumere e creare flashcard. Prendete nota se preferiscono istruzioni scritte o se amano esprimere le loro idee per iscritto.

Suggerimento pratico
- Osservate il vostro bambino durante le diverse situazioni di apprendimento. Preferiscono guardare video didattici, partecipare a discussioni, ad attività pratiche o leggere in modo indipendente? Queste osservazioni possono fornire indicazioni preziose sul loro stile di apprendimento primario.

Capire lo stile di apprendimento di vostro figlio non significa inserirlo in una categoria rigida, ma piuttosto riconoscere le preferenze che rendono l'apprendimento piacevole ed efficace per lui. Armati di questa conoscenza, siete pronti a passare alla fase successiva: sfruttare lo stile di apprendimento di vostro figlio per sessioni di studio ottimali.

2. Come sfruttare il vostro stile di apprendimento per sessioni di studio ottimali

Ora che abbiamo identificato lo stile di apprendimento unico di vostro figlio, il passo successivo è sfruttare questa conoscenza per creare sessioni di studio su misura per i suoi punti di forza. Allineando le tecniche di studio alla modalità di apprendimento preferita da vostro figlio, potrete ottimizzare la comprensione e la conservazione del materiale accademico. Ecco come sfruttare al meglio il loro stile di apprendimento:

Studenti visivi

- Incoraggiate l'uso di supporti visivi come mappe mentali, diagrammi e appunti colorati.
- Esplorate video didattici, animazioni e infografiche relative alla materia.
- Creare uno spazio dedicato allo studio con materiali visivamente stimolanti.

Studenti uditivi

- Facilitare discussioni di gruppo o sessioni di studio in cui i concetti vengono spiegati a voce.
- Introducete podcast o audiolibri educativi sugli argomenti che stanno studiando.
- Utilizzate rime o dispositivi mnemonici per aiutarli a ricordare le informazioni chiave.

Studenti cinestesici

- Incorporare attività pratiche ed esperimenti pertinenti alla materia.
- Prevedete pause di studio che prevedano il movimento fisico per tenerli impegnati.
- Utilizzate strumenti di apprendimento tattili come le flashcard o i manipolatori.

Studenti che leggono e scrivono

- Incoraggiate a prendere appunti, a riassumere e a riscrivere le informazioni con parole proprie.
- Suggerite di creare delle flashcard con i concetti e i termini chiave.

- Usate libri di testo, istruzioni scritte e articoli come materiale di studio primario.

La chiave è la personalizzazione
- Adattate i materiali e i metodi di studio in base alle preferenze del bambino e al suo stile di apprendimento.
- Combinate elementi di stili diversi per ottenere un approccio completo se il bambino mostra una preferenza per più di uno stile.

Adattando le sessioni di studio allo stile di apprendimento di vostro figlio, non vi limitate a soddisfare le sue preferenze, ma massimizzate il suo potenziale di successo scolastico. Nella sezione che segue, ci addentreremo in storie di vita reale di studenti che hanno scoperto e fatto propri i loro stili di apprendimento unici, mostrando il potere di trasformazione degli approcci di studio personalizzati.

3. Storie di vita reale di studenti che hanno scoperto e fatto propri i propri stili di apprendimento

In questa sezione, ci addentriamo nei racconti stimolanti di studenti reali che hanno intrapreso un viaggio alla scoperta di se stessi, svelando il mistero dei loro stili di apprendimento unici. Queste storie non sono semplici aneddoti, ma testimonianze del potere trasformativo della comprensione e dell'adozione di approcci individuali allo studio.

Storia 1: la rivelazione dell'allievo visivo

Ecco Sarah, una studentessa delle superiori che, nonostante i suoi sforzi, faticava ad afferrare concetti scientifici complessi. Quando ha capito di essere un'apprendista visiva, tutto è cambiato. Sarah ha iniziato a creare intricate mappe mentali e diagrammi che davano vita ai libri di testo. I suoi voti sono saliti alle stelle e ha scoperto un nuovo apprezzamento per le materie che prima trovava difficili.

Storia 2: la sinfonia dell'apprendista uditivo

David, uno studente delle scuole medie con la passione per la storia, trovava i metodi di studio tradizionali insoddisfacenti. Quando si è identificato come un apprendente uditivo, David ha iniziato ad ascoltare podcast storici e a partecipare a discussioni con i suoi compagni. L'approccio uditivo non solo ha approfondito la sua comprensione, ma ha anche acceso un amore per l'apprendimento che si è esteso oltre la classe.

Storia 3: La danza dell'allievo cinestesico con l'istruzione

Emily, una studentessa delle elementari, non riusciva a stare ferma durante le sessioni di studio. Una volta riconosciuto il suo stile di apprendimento cinestesico, i suoi genitori hanno inserito attività pratiche nella sua routine quotidiana. Dalla costruzione di modelli all'uso di giochi educativi, l'approccio cinestesico di Emily non solo ha migliorato il suo apprendimento, ma ha anche trasformato le sessioni di studio in esperienze divertenti e interattive.

Storia 4: Il viaggio letterario dell'allievo che legge-scrive

Alex, un adolescente appassionato di letteratura, aveva difficoltà con i metodi di studio tradizionali. Riconoscendo il suo stile di apprendimento basato sulla lettura-scrittura, Alex ha iniziato a riassumere i romanzi, a scrivere saggi e a creare flashcard dettagliate. Queste esplorazioni scritte non solo hanno migliorato la sua comprensione, ma gli hanno anche permesso di esprimere i suoi pensieri con chiarezza.

Domande di riflessione

- Riuscite a vedere qualche somiglianza tra le storie e le esperienze attuali di vostro figlio?
- In che modo la comprensione e l'accettazione dello stile di apprendimento di vostro figlio potrebbero avere un impatto positivo sul suo atteggiamento nei confronti dello studio?

Queste storie dimostrano che ogni bambino ha un percorso unico verso il successo scolastico. Riconoscendo e abbracciando il proprio stile di apprendimento, gli studenti non solo eccellono dal punto di vista accademico, ma sviluppano anche un autentico amore per l'apprendimento. Come genitori, avete il potere di guidare i vostri figli alla scoperta del loro approccio ottimale allo studio, ponendo le basi per un percorso accademico soddisfacente e di successo. Nella prossima sezione esploreremo l'applicazione pratica di queste intuizioni e parleremo di come incorporare gli stili di apprendimento nelle sessioni di studio.

Capitolo 2: Preparare il terreno per il successo - Creare uno spazio di studio produttivo

Creare la struttura per l'apprendimento

Benvenuti al secondo capitolo di "Studiare con intelligenza: Trucchi accademici per bambini e ragazzi". In questo capitolo approfondiamo l'importanza dell'ambiente di studio, che influenza l'attenzione, la concentrazione e, in ultima analisi, il successo scolastico. I genitori svolgono un ruolo fondamentale nel plasmare questo spazio, fornendo al bambino l'ambiente ottimale per uno studio efficace.

1. Progettare un ambiente di studio favorevole

Creare un ambiente che favorisca la concentrazione e l'entusiasmo per l'apprendimento è un passo fondamentale per sostenere il percorso scolastico di vostro figlio. Vediamo gli elementi essenziali per progettare un ambiente di studio favorevole:

Scegliere il luogo giusto
   - Individuate uno spazio tranquillo e ben illuminato per lo studio, preferibilmente lontano da aree ad alto traffico.
   - Considerate le fonti di luce naturale per ridurre l'affaticamento degli occhi e migliorare l'umore.

- Valutate se vostro figlio preferisce un angolo appartato o un ambiente più comune.

Investire in mobili confortevoli
- Fornite una sedia e una scrivania comode, per favorire una buona postura e ridurre il disagio fisico durante le lunghe sessioni di studio.
- Prendete in considerazione mobili ergonomici per garantire uno spazio di studio di supporto e attento alla salute.
- Adattate i mobili alle preferenze di vostro figlio per ottenere un tocco personalizzato.

Eliminare le distrazioni
- Riducete al minimo le distrazioni visive e uditive per migliorare la concentrazione.
- Rimuovete gli oggetti inutili o il disordine dall'area di studio.
- Utilizzate strumenti come cuffie a cancellazione di rumore o musica di sottofondo se il bambino trae beneficio dalla stimolazione uditiva.

Personalizzare lo spazio
- Incoraggiate il bambino a decorare lo spazio di studio con citazioni motivazionali, opere d'arte o oggetti che lo ispirano.
- Consentite la personalizzazione senza sovraccaricare lo spazio; trovate un equilibrio tra un ambiente visivamente attraente e funzionale.

Suggerimento pratico
- Collaborate con vostro figlio per scegliere gli elementi dello spazio di studio. Incorporate le loro preferenze per garantire un senso di appartenenza e di comfort.

Ricordate che l'obiettivo è creare un ambiente di studio che si allinei con lo stile di apprendimento e le preferenze di vostro figlio. Progettando con cura questo spazio, si gettano le basi per un'esperienza di studio positiva e produttiva. Nella prossima sezione approfondiremo l'impatto dell'ambiente circostante sull'attenzione e sulla concentrazione, esplorando come i diversi elementi possono influenzare le prestazioni cognitive del bambino.

2. L'impatto dell'ambiente circostante sull'attenzione e la concentrazione

Comprendere la profonda influenza dell'ambiente circostante sulla capacità di concentrazione di vostro figlio è fondamentale per creare un ambiente di studio ottimale. Esploriamo come vari elementi influiscono sull'attenzione e sulla concentrazione:

Psicologia dei colori
- Introducete colori che favoriscano un'atmosfera calma e concentrata. Considerate tonalità come il blu e il verde, noti per i loro effetti calmanti.
- Evitate i colori troppo stimolanti nell'area di studio, perché possono distrarre e ostacolare la concentrazione.

Organizzazione e disordine:
- Mantenere uno spazio di studio ben organizzato per ridurre le distrazioni visive.
- Implementare soluzioni di archiviazione per mantenere i materiali di studio accessibili e in ordine.
- Un ambiente privo di disordine contribuisce a creare una mentalità chiara e concentrata.

Personalizzazione e motivazione
- Permettete a vostro figlio di incorporare tocchi personali nello spazio di studio per creare un senso di appartenenza.
- Esponete citazioni motivazionali o risultati per ispirare e rafforzare un atteggiamento positivo verso l'apprendimento.
- Un ambiente ben curato favorisce il collegamento tra lo spazio e lo scopo dello studio.

Considerazioni sull'illuminazione

- Garantire un'illuminazione adeguata per evitare l'affaticamento degli occhi e migliorare la vigilanza.

- La luce naturale è preferibile, ma se non è disponibile, scegliete fonti di luce bianca e calda.

- Regolate l'illuminazione in base all'ora del giorno e ai compiti specifici che il bambino sta svolgendo.

Creare un ambiente equilibrato

- Cercate di trovare un equilibrio tra un ambiente confortevole e stimolante senza sovraccarichi sensoriali.

- Rivalutate regolarmente lo spazio di studio per adattarlo all'evoluzione delle esigenze e delle preferenze del bambino.

Suggerimento pratico

- Collaborate con vostro figlio per discutere e sperimentare gli elementi dello spazio di studio, osservando come i cambiamenti influiscono sulla sua attenzione e concentrazione.

Riconoscendo l'impatto dell'ambiente circostante, potete dare a vostro figlio un ambiente che migliori la sua capacità di concentrazione, apprendimento e successo accademico. Nella prossima sezione approfondiremo i consigli organizzativi per mantenere un'area di studio efficiente, assicurando che lo spazio di studio rimanga un centro ben strutturato per l'apprendimento.

3. Consigli organizzativi per mantenere un'area di studio efficiente

Organizzare lo spazio di studio è come orchestrare una sinfonia di efficienza e concentrazione. Qui esploriamo i consigli organizzativi pratici per mantenere l'area di studio snella e favorevole all'apprendimento produttivo:

Rimettere in ordine regolarmente

- Programmate sessioni regolari di decluttering per rimuovere gli oggetti non necessari dallo spazio di studio.

- Incoraggiate i vostri figli a valutare e organizzare il loro materiale di studio, conservando solo l'essenziale.

Soluzioni di archiviazione
- Investite in contenitori, scaffali o armadietti per tenere libri, materiale e strumenti di studio in spazi appositi.
- Utilizzate contenitori o etichette trasparenti per identificare e accedere facilmente agli oggetti specifici.

Elementi essenziali della scrivania
- Mantenete la scrivania pulita e priva di ingombri, tenendo a portata di mano solo i materiali essenziali.
- Utilizzate organizer da scrivania o vassoi per classificare penne, matite e altri strumenti di scrittura.

Organizzazione digitale
- Insegnate ai vostri figli l'organizzazione digitale, compresa la gestione dei file e l'uso di strumenti digitali per prendere appunti.
- Create delle cartelle sui loro dispositivi per archiviare i documenti relativi a materie o progetti specifici.

Routine di pulizia quotidiana
- Instillare l'abitudine di pulire lo spazio di studio alla fine di ogni sessione di studio.
- Questa routine assicura un inizio fresco e organizzato per la sessione di studio successiva.

Adattamento alle preferenze individuali: Considerare lo stile di apprendimento del bambino.
- Nell'organizzare lo spazio di studio, tenete conto dello stile di apprendimento del bambino. Per gli studenti visivi, possono essere utili indicazioni visibili come le cartelle colorate, mentre gli studenti cinestesici possono preferire metodi organizzativi pratici.

Flessibilità e adattabilità

- I sistemi organizzativi devono essere adattabili per accogliere i cambiamenti in base all'evoluzione delle esigenze di studio del bambino.
- Incoraggiate vostro figlio a comunicare quando è necessario apportare modifiche all'organizzazione del suo spazio di studio.

Suggerimento pratico

- Collaborate con vostro figlio per stabilire un sistema organizzativo personalizzato che sia in linea con le sue preferenze e supporti il suo stile di apprendimento.

Incorporando questi suggerimenti organizzativi, non si tratta solo di riordinare gli spazi fisici, ma anche di riordinare lo spazio mentale per l'apprendimento mirato. Nella prossima sezione, ci addentreremo in aneddoti reali di famiglie che hanno trasformato i loro spazi di studio, mostrando l'impatto tangibile di un ambiente ben organizzato sul successo scolastico.

4. Aneddoti personali di trasformazioni di successo degli spazi di studio

Intraprendete un viaggio con famiglie reali che hanno trasformato spazi di studio ordinari in fiorenti centri di successo accademico. Queste storie non solo mostrano le sfide affrontate, ma evidenziano anche le strategie messe in atto e i miglioramenti tangibili nel rendimento scolastico derivanti da un ambiente di studio ben progettato.

La storia di Annette: Una sinfonia di colori e concentrazione

Annette, madre di due figli, ha notato che i suoi bambini avevano difficoltà a concentrarsi durante le ore di studio. Dopo aver incorporato colori rilassanti e organizzato il materiale di studio con etichette vivaci, lo spazio di studio ha subito una trasformazione. I bambini hanno accolto i cambiamenti e Annette ha potuto constatare un significativo miglioramento dei loro tempi di attenzione e dell'entusiasmo generale per l'apprendimento.

La famiglia Robertson: Personalizzazione per le esigenze di ogni bambino

La famiglia Robertson aveva tre figli, ognuno con preferenze di apprendimento uniche. Creando spazi di studio personalizzati in base allo stile di apprendimento di ciascun bambino, non solo hanno ridotto al minimo le distrazioni dei fratelli, ma hanno anche migliorato la concentrazione di ciascuno. Il risultato è stato un'atmosfera in cui tutti hanno prosperato in base alle proprie esigenze.

Il viaggio di Alex: Dal caos alla concentrazione

Alex, uno studente delle superiori, si distraeva nella sua area di studio disordinata. Con il sostegno dei suoi genitori, ha elaborato un piano di pulizia e organizzazione. La trasformazione non solo ha portato ordine nel suo ambiente, ma ha anche avuto un impatto positivo sui suoi voti. Alex ha scoperto che uno spazio ordinato si traduceva in una mente più chiara per lo studio.

Domande di riflessione

1. **Come si sente attualmente vostro figlio riguardo al suo spazio di studio?

- Prendete in considerazione l'idea di parlarne con vostro figlio per capire cosa pensa dell'attuale ambiente di studio. Le loro intuizioni possono guidare le modifiche necessarie.

2. Ci sono sfide o distrazioni specifiche nel loro attuale ambiente di studio che possono essere affrontate?

- Riflettete sulle potenziali sfide o distrazioni che vostro figlio deve affrontare durante le sessioni di studio. L'identificazione di queste aree può guidare il miglioramento dello spazio di studio.

Questi aneddoti di vita reale sottolineano il potere di trasformazione di un ambiente di studio ben progettato. Nel continuare la nostra esplorazione dello studio intelligente, tenete presente che la creazione di uno spazio di studio favorevole è un processo dinamico. Nella prossima sezione approfondiremo l'aspetto cruciale della gestione del tempo, esplorando le strategie per migliorare l'esperienza di studio di vostro figlio.

Capitolo 3: L'arte di gestire il tempo

Padroneggiare l'orologio: Una sinfonia di produttività

Benvenuti al terzo capitolo di "Studiare con intelligenza: Trucchi accademici per bambini e ragazzi". In questo capitolo sveliamo l'intricata danza della gestione del tempo, un'abilità essenziale per orchestrare un percorso accademico di successo. Scoprite insieme a noi le tecniche di blocco del tempo, i programmi di studio realistici e il delicato equilibrio tra tempo di studio, pause e attività extrascolastiche.

1. Tecniche di blocco del tempo per una pianificazione efficace

Nella danza ritmica delle responsabilità accademiche, il time-blocking emerge come una tecnica magistrale per orchestrare la giornata di vostro figlio. Esploriamo l'arte del time-blocking, una strategia che trasforma il concetto sfuggente di tempo in una risorsa tangibile per sessioni di studio mirate e produttive.

Capire i blocchi temporali:
   - Suddividete la giornata in blocchi di tempo distinti, ciascuno dedicato a un compito o a un argomento specifico.
   - Assegnate periodi di studio mirati, tenendo conto dello stile di apprendimento, dei picchi di concentrazione e delle preferenze di vostro figlio.

Privilegiare i compiti:

- Identificate i compiti ad alta priorità e assegnate blocchi di tempo dedicati al loro completamento.
- Classificate i compiti in base all'urgenza e all'importanza, assicurando che i compiti essenziali ricevano un'ampia attenzione.

Flessibilità e adattabilità
- Mantenete la flessibilità all'interno dei blocchi di tempo per far fronte a sfide impreviste o a esigenze di studio prolungate.
- Incoraggiate vostro figlio ad adattare il programma in base all'evoluzione delle sue richieste accademiche e dei suoi livelli di energia personale.

Ridurre al minimo il multitasking
- Scoraggiate il multitasking durante i periodi di studio designati per migliorare la concentrazione.
- Sottolineate l'importanza di concentrarsi singolarmente su un compito specifico in ogni intervallo di tempo.

Visualizzazione e responsabilità
- Utilizzate ausili visivi, come ad esempio un programma codificato a colori o una lavagna dei compiti, per migliorare la rappresentazione visiva dei blocchi di tempo.
- Promuovete il senso di responsabilità incoraggiando il bambino a tenere traccia dei suoi progressi e dei risultati ottenuti in ogni blocco.

Suggerimento pratico
- Collaborate con vostro figlio per creare una tabella dei blocchi di tempo visivamente accattivante e in linea con le sue preferenze. Questa rappresentazione visiva aumenta il coinvolgimento e rafforza la struttura del programma di studio.

Con l'adozione del time-blocking, il bambino acquisisce non solo un approccio strutturato alle sessioni di studio, ma anche una preziosa abilità di gestione efficace del tempo. Nella prossima sezione approfondiremo la creazione di un programma di studio realistico, una tabella di marcia personalizzata che si allinei allo stile di apprendimento e ai ritmi quotidiani di vostro figlio.

2. Creare un programma di studio realistico

Per intraprendere il viaggio verso il successo accademico non basta gestire il tempo, ma è necessario creare un programma di studio realistico, una tabella di marcia personalizzata che si adatti alle esigenze e alle preferenze di vostro figlio. Esploriamo gli elementi chiave per creare un programma di studio che si armonizzi con i ritmi quotidiani di vostro figlio e massimizzi il potenziale di apprendimento.

Capire i picchi di energia del bambino
  - Identificate i momenti di massima concentrazione di vostro figlio durante la giornata. È al mattino, al pomeriggio o alla sera?
  - Programmate i compiti o gli argomenti più impegnativi in questi periodi ad alta energia per ottenere una concentrazione ottimale.

Bilanciare le sessioni di studio
  - Distribuite le sessioni di studio in modo uniforme nell'arco della settimana per evitare giorni di sovraccarico e burnout.
  - Considerate la possibilità di suddividere i periodi di studio più lunghi in blocchi gestibili con pause intermedie.

Integrare le pause
  - Integrare brevi pause nelle sessioni di studio per prevenire l'affaticamento mentale e mantenere la concentrazione.
  - Incoraggiate le attività fisiche o le tecniche di rilassamento durante le pause per una pausa rinfrescante.

Flessibilità per le attività extrascolastiche
  - Accogliere le attività extrascolastiche all'interno del programma di studio, favorendo una routine equilibrata e soddisfacente.

- Assicuratevi che il programma di studio sia in linea con le esigenze di hobby, sport o altri impegni non accademici di vostro figlio.

Stabilire obiettivi realistici
- Stabilire obiettivi raggiungibili per ogni sessione di studio, promuovendo un senso di realizzazione.
- Suddividere i compiti più grandi in fasi più piccole e gestibili per mantenere la motivazione e i progressi.

Comunicazione e collaborazione
- Discutete il programma di studio con vostro figlio, cercando di ottenere il suo contributo e assicurandovi che sia a suo agio con la routine proposta.
- Siate aperti a modificare il programma in base al feedback del bambino e all'evoluzione delle sue esigenze.

Suggerimento pratico
- Incoraggiate vostro figlio a usare un'agenda o strumenti digitali per tenere traccia visivamente del suo programma di studio e dei suoi obiettivi. In questo modo si promuove un senso di appartenenza e di responsabilità.

Un piano di studio realistico non è solo un piano, ma uno strumento dinamico che si adatta al percorso scolastico di vostro figlio. Nella prossima sezione esploreremo il delicato equilibrio tra tempo di studio, pause e attività extrascolastiche, un aspetto cruciale per creare un'esperienza accademica completa e soddisfacente.

3. Bilanciare il tempo di studio con le pause e le attività extrascolastiche

Nell'intricata sinfonia della vita accademica, il raggiungimento di un'armonia tra tempo di studio, pause e attività extrascolastiche è essenziale per un'esperienza completa e soddisfacente. Esaminiamo le strategie per raggiungere questo delicato equilibrio, assicurando che il percorso di vostro figlio sia produttivo e piacevole.

Sessioni di studio strutturate

- Allocare sessioni di studio mirate all'interno del programma di studio, ciascuna con un obiettivo o un compito chiaro.

- Integrare le pause di studio in modo strategico per prevenire l'affaticamento mentale e migliorare la concentrazione generale.

Incorporare pause significative.

- Sottolineate l'importanza delle pause come pause rigeneranti piuttosto che come distrazioni.

- Incoraggiate le attività in linea con gli interessi del bambino, come brevi passeggiate, esercizi di stretching o attività creative.

Bilanciamento delle attività extrascolastiche

- Integrare le attività extrascolastiche nel programma di studio, tenendo conto dei loro impegni temporali.

- Promuovete una comunicazione aperta con vostro figlio per capire l'importanza di ogni attività e il suo impatto sul suo benessere generale.

Flessibilità e adattabilità

- Progettare il programma di studio in modo flessibile per far fronte a eventi imprevisti o a variazioni negli impegni extrascolastici.

- Incoraggiate vostro figlio a comunicare qualsiasi sfida o adattamento necessario per mantenere l'equilibrio.

Definizione degli obiettivi per le pause

- Aiutate vostro figlio a stabilire degli obiettivi per le pause, in modo da garantire che rimangano mirate e rigeneranti.

- Ad esempio, completare un rapido esercizio di mindfulness, leggere un breve articolo o dedicarsi a un hobby durante le pause.

Riflessione e autovalutazione

- Sollecitate vostro figlio a riflettere sull'equilibrio tra studio, pause e attività extrascolastiche.

- Incoraggiate l'autovalutazione per identificare i modelli che contribuiscono alla produttività e al benessere generale.

Suggerimento pratico
- Collaborate con vostro figlio per creare una rappresentazione visiva del programma di studio, compresi gli orari designati per le pause e le attività extrascolastiche. Questo aiuto visivo rafforza l'importanza dell'equilibrio.

Orchestrando con cura gli elementi del tempo di studio, delle pause e delle attività extrascolastiche, si coltiva un ambiente in cui il bambino non solo eccelle dal punto di vista accademico, ma prospera anche nel suo sviluppo olistico. Nella prossima sezione analizzeremo alcuni aneddoti sulla gestione del tempo da parte di studenti affermati, che forniranno preziose lezioni di vita reale per il percorso accademico di vostro figlio.

4. Aneddoti sulla gestione del tempo da parte di studenti affermati

Intraprendete un viaggio attraverso le esperienze di studenti affermati che hanno imparato l'intricata danza della gestione del tempo. Le loro storie forniscono spunti preziosi, offrendo lezioni che possono ispirare e guidare vostro figlio nel suo percorso accademico.

La storia di Anika: Il potere di stabilire le priorità
Anika, una studentessa di alto livello, ha sottolineato l'importanza di dare priorità ai compiti. Identificando i compiti ad alta priorità e assegnando blocchi di tempo mirati, ha mantenuto un senso di controllo sul suo carico di lavoro. L'approccio di Anika dimostra che una gestione efficace del tempo inizia con il riconoscimento dei compiti che contribuiscono maggiormente al successo accademico.

Il viaggio di Carlos: Bilanciare gli studi e i progetti di passione
Carlos, un musicista appassionato, ha affrontato la sfida di bilanciare le sue responsabilità accademiche con il suo amore per la musica. Grazie a un'attenta

gestione del tempo e alla creazione di un programma di studio flessibile, Carlos ha fatto in modo che sia gli studi accademici sia le attività extracurricolari potessero prosperare. La sua storia evidenzia l'importanza di allineare le strategie di gestione del tempo con le passioni personali.

L'intuizione di Lily: L'arte di adattarsi*

Lily, una studentessa con un programma dinamico, ha sottolineato la capacità di adattamento nella gestione del tempo. Ha riconosciuto la necessità di adattare il suo programma di studio in base alle esigenze delle diverse materie e attività extracurricolari. La capacità di adattamento di Lily ha dimostrato la flessibilità necessaria per una gestione efficace del tempo in un panorama accademico in costante evoluzione.

Domande di riflessione
1. Come gestisce attualmente il suo tempo?
- Riflettete sulle attuali strategie di gestione del tempo di vostro figlio. Ci sono aspetti in cui eccelle o ci sono aree da migliorare?

2. Quali sono le attività extrascolastiche a cui partecipa vostro figlio e come le concilia con le responsabilità accademiche?
- Esplorate l'equilibrio tra impegni accademici ed extrascolastici nella vita di vostro figlio. Ci sono aggiustamenti che potrebbero migliorare la gestione complessiva del tempo?

Mentre assorbiamo la saggezza di questi aneddoti, ricordiamo che la gestione del tempo è un'abilità che si evolve nel tempo. Nella prossima sezione approfondiremo le complessità della padronanza degli appunti, un'abilità fondamentale che consente a vostro figlio di catturare e conservare efficacemente le informazioni durante le sessioni di studio.

Capitolo 4: Padronanza degli appunti

Catturare la conoscenza: L'arte di prendere appunti in modo efficace

Benvenuti al quarto capitolo di "Studiare con intelligenza: Trucchi accademici per bambini e ragazzi". In questo capitolo ci immergiamo nel mondo della padronanza degli appunti, un'abilità che agisce come una bussola, guidando vostro figlio attraverso il mare di informazioni e garantendo una comprensione più profonda delle materie accademiche. Esploriamo insieme a voi i diversi metodi per prendere appunti, le strategie per l'ascolto attivo, le tecniche per l'organizzazione e il ripasso e gli esempi reali di studenti che hanno migliorato i loro voti grazie alla capacità di prendere appunti.

1. Diversi metodi per prendere appunti e i loro vantaggi

Nel vasto panorama universitario, prendere appunti è un'arte e i diversi metodi servono come pennelli, ognuno dei quali crea un capolavoro unico. Esploriamo i vari metodi per prendere appunti e i loro vantaggi, permettendo a vostro figlio di scegliere quello che più si adatta al suo stile di apprendimento:

1. Metodo Cornell:
   Vantaggi
   - Promuove il ricordo attivo attraverso un formato strutturato con spunti, idee principali e riassunti.
   - Facilita la revisione organizzata degli appunti, migliorando la comprensione e la ritenzione.

- Favorisce l'impegno durante le lezioni, concentrandosi sui punti chiave.

2. Mappatura mentale
   Vantaggi
   - Stimola l'apprendimento visivo rappresentando le informazioni in una struttura diagrammatica.
   - Promuove la creatività e l'associazione di idee, favorendo la comprensione olistica.
   - Facilita una rapida panoramica di argomenti complessi attraverso concetti interconnessi.

3. Schematizzazione:
   Vantaggi
   - Organizza le informazioni in modo gerarchico, favorendo la comprensione delle relazioni tra i concetti.
   - Enfatizza il flusso logico delle informazioni, facilitando il ripasso.
   - Ideale per le materie con una struttura chiara, come le scienze o le analisi della letteratura.

4. Appunti basati sul flusso
   Vantaggi
   - Permette un flusso continuo di informazioni, imitando la progressione naturale delle lezioni o dei materiali di lettura.
   - È adatto agli studenti uditivi che traggono vantaggio da un approccio narrativo alla presa di appunti.
   - Enfatizza la comprensione contestuale delle informazioni.

5. Metodo dei grafici o delle tabelle
   Vantaggi
   - Organizza le informazioni in strutture tabellari, facilitando il confronto tra i dettagli.
   - È adatto per argomenti con dati quantitativi o confronti, come cronologie storiche o esperimenti scientifici.

- Migliora l'organizzazione visiva per una rapida consultazione.

Scegliere il metodo giusto
- Incoraggiate il bambino a sperimentare diversi metodi per trovare quello che si adatta alle sue preferenze di apprendimento.
- Considerate la natura dell'argomento e il comfort dell'individuo con ogni metodo.

Suggerimento pratico
- L'integrazione di una combinazione di metodi può essere efficace per prendere appunti in modo completo. Per esempio, combinare gli spunti del Metodo Cornell con le mappe mentali per la rappresentazione visiva.

Comprendere i vantaggi dei diversi metodi per prendere appunti consente a vostro figlio di affrontare lo studio con uno strumento versatile. Nella prossima sezione esploreremo le strategie per l'ascolto attivo e per prendere appunti in modo efficace durante le lezioni, abilità fondamentali per il successo scolastico.

2. Strategie per l'ascolto attivo e l'annotazione efficace durante le lezioni

Le lezioni non sono semplici presentazioni, ma opportunità di coinvolgimento attivo e di assorbimento delle conoscenze. Fornite a vostro figlio le strategie per un ascolto attivo e un'efficace presa di appunti durante le lezioni per ottenere una comprensione più profonda dei contenuti accademici:

1. Dare priorità ai punti chiave
- Identificare e dare priorità alle idee principali e ai concetti chiave presentati dal docente.
- Concentratevi sui temi generali e sui dettagli di supporto che contribuiscono a una comprensione completa.

2. Sviluppare abbreviazioni e simboli:

- Creare un sistema di abbreviazioni e simboli per semplificare la presa di appunti.

- Utilizzate una stenografia per le parole più comuni e sviluppate simboli che rappresentino temi o concetti ricorrenti.

3. Utilizzare gli aiuti visivi:

- Prestate attenzione a tutti i supporti visivi forniti durante la lezione, come diapositive o diagrammi.

- Incorporate queste immagini negli appunti per migliorare la comprensione e la memorizzazione.

4. Partecipazione attiva:

- Fate domande o partecipate alle discussioni in classe per rafforzare la vostra comprensione.

- La partecipazione attiva non solo aiuta la comprensione, ma rende la lezione più memorabile.

5. Organizzare gli appunti in modo gerarchico

- Strutturate gli appunti in modo gerarchico, sottolineando le idee principali, i punti secondari e i dettagli di supporto.

- Utilizzate la rientranza o la numerazione per evidenziare le relazioni tra i diversi livelli di informazione.

6. Utilizzare il codice colore:

- Introducete un sistema di codifica a colori per sottolineare le diverse categorie o tipi di informazioni.

- Ad esempio, utilizzate un colore per le idee principali, un altro per gli esempi e un terzo per le definizioni.

7. Rivedere e chiarire:

- Rivedere e chiarire regolarmente gli appunti dopo la lezione per assicurarne l'accuratezza.

- Cercare ulteriori risorse o chiarimenti su qualsiasi punto che possa risultare poco chiaro.

8. Rimanere attenti attraverso la consapevolezza:
   - Praticare tecniche di mindfulness per rimanere presenti e concentrati durante la lezione.
   - Ridurre al minimo le distrazioni, come i dispositivi elettronici, e mantenere il contatto visivo con il relatore.

Suggerimento pratico
   - Incoraggiate vostro figlio a fare un debriefing con i compagni di classe o con l'istruttore dopo la lezione per colmare eventuali lacune di comprensione.

Incorporando queste strategie, vostro figlio non solo diventa un partecipante attivo nel processo di apprendimento, ma migliora anche la sua capacità di catturare e conservare efficacemente le informazioni. Nella prossima sezione esamineremo come organizzare e rivedere gli appunti per migliorarne la conservazione, un passo fondamentale nel percorso verso la padronanza degli appunti.

3. Come organizzare e rivedere gli appunti per una migliore conservazione

Prendere appunti in modo efficace va oltre l'atto di catturare le informazioni; implica un'organizzazione strategica e una revisione ponderata. Fornite a vostro figlio le tecniche per organizzare e rivedere gli appunti, favorendo una migliore memorizzazione e comprensione del materiale accademico:

1. Organizzazione strutturata degli appunti
   - Suddividete gli appunti in categorie per materia, argomento o tema per creare un sistema strutturato.
   - Utilizzate cartelle, raccoglitori o strumenti digitali per mantenere gli appunti organizzati e facilmente accessibili.

2. Codifica a colori ed evidenziazione:

- Implementate un sistema di codifica a colori per distinguere visivamente i diversi tipi di informazioni.

- Utilizzate l'evidenziazione per sottolineare i punti chiave o per evidenziare le aree che richiedono un'ulteriore revisione.

3. Tecniche di riassunto:

- Sviluppate l'abilità di riassumere le note condensando le informazioni in affermazioni concise e chiare.

- Creare sezioni di riassunto alla fine di ogni serie di appunti per rafforzare i concetti chiave.

4. Programma di revisione regolare:

- Stabilite un programma regolare per la revisione degli appunti, rafforzando il materiale a intervalli regolari.

- Distanziare le revisioni nel tempo per rafforzare la ritenzione a lungo termine.

5. Mappe mentali per la concettualizzazione:

- Usate le mappe mentali per rappresentare visivamente le relazioni tra i diversi concetti.

- Create mappe concettuali che colleghino le idee, favorendo una comprensione olistica del materiale.

6. Annotare e aggiungere contesto:

- Aggiungete annotazioni o commenti agli appunti per fornire un contesto o spiegazioni aggiuntive.

- Questo migliora la comprensione e rende gli appunti più significativi al momento della revisione.

7. Utilizzare la tecnologia:

- Sfruttate gli strumenti digitali per prendere appunti e organizzarli, come le app per prendere appunti o le piattaforme basate su cloud.

- Esplorate funzioni come la ricerca, i tag e l'integrazione multimediale per migliorare l'esperienza di revisione.

8. Autoverifica attiva:
- Impegnatevi in un richiamo attivo autotestando le vostre conoscenze sulla base dei vostri appunti.
- Creare flashcard o sottoporsi a quiz sui concetti chiave per rafforzare la comprensione.

9. Sessioni di studio di gruppo:
- Partecipate a sessioni di studio di gruppo per discutere e rivedere gli appunti con i vostri compagni.
- Spiegare i concetti agli altri rafforza la vostra comprensione e fornisce prospettive diverse.

Consiglio pratico:
- Incoraggiate vostro figlio a creare un sistema personalizzato che combini più tecniche organizzative in base alle sue preferenze e al suo stile di apprendimento.

Organizzando e rivedendo gli appunti in modo strategico, il bambino trasforma il suo materiale di studio in un potente strumento di rinforzo e conservazione. Nell'ultima sezione di questo capitolo, esamineremo esempi reali di studenti che hanno migliorato i loro voti grazie a una migliore capacità di prendere appunti: storie stimolanti che dimostrano l'impatto trasformativo di una presa di appunti efficace sul successo scolastico.

4. Esempi reali di studenti che hanno migliorato i loro voti grazie a una maggiore capacità di prendere appunti

Partite per un viaggio attraverso le storie ispiratrici di studenti che hanno assistito a una notevole trasformazione del loro rendimento scolastico, attribuita alla padronanza della presa di appunti. Questi esempi di vita reale sottolineano l'impatto diretto di un'efficace presa di appunti sulla comprensione, sulla conservazione e, in ultima analisi, sui voti.

Il successo di Julia con il Metodo Cornell:

Julia, una studentessa liceale diligente, aveva difficoltà a trattenere le informazioni durante le lezioni. Dopo aver esplorato diversi metodi per prendere appunti, ha scoperto che il Metodo Cornell si adattava al suo stile di apprendimento strutturato. Applicando costantemente questo metodo, Julia ha scoperto che i suoi appunti diventavano più organizzati, favorendo una migliore revisione e, di conseguenza, un miglioramento dei punteggi nei test.

La padronanza visiva di Chris con le mappe mentali:

Chris, un ragazzo fantasioso delle scuole medie, trovava ingombranti i metodi tradizionali per prendere appunti. Quando ha scoperto le mappe mentali, ha capito il loro potenziale di rappresentazione visiva. Chris ha iniziato a creare mappe mentali colorate che collegavano visivamente le idee. Questo non solo ha reso lo studio più piacevole, ma ha anche aumentato in modo significativo la comprensione e la memorizzazione di argomenti complessi.

L'efficienza di Sam con la tecnologia

Sam, uno studente liceale esperto di tecnologia, ha abbracciato gli strumenti digitali per prendere appunti. Grazie alla possibilità di organizzare, cercare e accedere agli appunti senza sforzo, Sam ha semplificato il processo di revisione. I suoi voti sono migliorati sensibilmente perché ha potuto concentrarsi maggiormente sulla comprensione del materiale durante le lezioni, sicuro di poter rivedere in modo efficiente i suoi appunti digitali in un secondo momento.

Domande di riflessione

1. Quale metodo per prendere appunti si adatta meglio allo stile di apprendimento di vostro figlio?

   - Discutete con vostro figlio i vari metodi di presa di appunti e incoraggiatelo a sperimentare per trovare quello che si allinea alle sue preferenze di apprendimento.

2. Come può vostro figlio migliorare le sue capacità di ascolto attivo durante le lezioni?

- Esplorate insieme le strategie per migliorare le capacità di ascolto attivo di vostro figlio, assicurando che massimizzi la sua efficienza nel prendere appunti durante le lezioni.

Questi esempi di vita reale illuminano il potere di trasformazione di un'efficace presa di appunti. Mentre continuiamo a esplorare le sfumature della padronanza degli appunti, tenete presente che questa abilità è una risorsa preziosa nel percorso accademico: uno strumento che non solo cattura le informazioni, ma spinge vostro figlio verso una comprensione più profonda e un migliore rendimento scolastico. Nella prossima sezione approfondiremo la lettura consapevole e la ritenzione delle informazioni, un'abilità essenziale per l'eccellenza accademica.

Capitolo 5: Lettura consapevole e ritenzione delle informazioni

Liberare il potere delle parole: Un viaggio nella lettura consapevole

Benvenuti al quinto capitolo di "Studiare con intelligenza: Trucchi accademici per bambini e ragazzi". In questo capitolo intraprendiamo un viaggio nel regno della lettura consapevole e della ritenzione delle informazioni, un insieme di abilità che non solo trasformano l'atto della lettura, ma migliorano anche la comprensione e la ritenzione del materiale accademico. Scoprite insieme a noi le tecniche di comprensione della lettura, le strategie per trattenere le informazioni durante la lettura dei libri di testo, l'arte di utilizzare annotazioni e riassunti e i casi di studio di studenti che hanno subito una metamorfosi nelle loro abitudini di lettura per il successo accademico.

1. Tecniche di comprensione della lettura

Leggere non significa solo decodificare le parole, ma anche estrarre il significato e trarre spunti dal testo. Esplorate queste tecniche che elevano la lettura da attività passiva ad attività attiva e coinvolgente:

1. Impegno attivo
Incoraggiate il bambino a diventare un partecipante attivo nel processo di lettura. Guidatelo a:

- Fare domande: Incoraggiare il bambino a porre domande sul contenuto. Cosa si aspetta di imparare? Quali domande sorgono durante la lettura?

- Fare previsioni: Favorire l'abitudine di fare previsioni sul materiale. Cosa potrebbe accadere dopo? Come si collegano le informazioni a ciò che già conoscono?

L'impegno attivo trasforma la lettura in un dialogo dinamico tra il lettore e il testo, migliorando la comprensione e il pensiero critico.

2. Visualizzazione

Insegnate a vostro figlio l'arte di creare immagini mentali durante la lettura. Le tecniche di visualizzazione comprendono:

- Guidare il bambino a visualizzare scene, personaggi o concetti descritti nel testo. Incoraggiatelo a creare un film mentale del contenuto.

- Uso del linguaggio descrittivo:** Sottolineate l'importanza del linguaggio descrittivo nella costruzione di immagini mentali vivide. Chiedete al bambino di prestare attenzione ai dettagli descrittivi.

La visualizzazione migliora la comprensione trasformando le parole astratte in immagini tangibili, rendendo l'esperienza di lettura più coinvolgente.

3. Annotazione:

Introducete la pratica dell'annotazione del testo come potente strumento di lettura interattiva. Insegnate a vostro figlio a:

- Sottolineare i punti chiave: Incoraggiare l'uso di sottolineare o evidenziare le informazioni importanti. Questo aiuta a individuare rapidamente le informazioni durante il ripasso.

- Annotare le domande: sollecitare il bambino a scrivere domande o pensieri a margine. In questo modo si crea un dialogo con il testo.

- Commenti: incoraggiate commenti o riflessioni sul contenuto. Come si collega alle esperienze personali o ad altri argomenti?

L'annotazione trasforma l'atto della lettura in un processo collaborativo, in cui il lettore si impegna attivamente e risponde al materiale.

Consiglio pratico:
Creare uno spazio apposito per le annotazioni, sia a margine di un libro fisico sia attraverso strumenti digitali per gli e-book. Questo garantisce un approccio sistematico e organizzato alla lettura interattiva.

Integrando queste tecniche nella loro routine di lettura, il bambino non solo comprende il materiale in modo più approfondito, ma sviluppa anche un amore per la parola scritta che durerà tutta la vita. Nella prossima sezione approfondiremo le strategie per trattenere le informazioni durante la lettura dei libri di testo, un'abilità cruciale per il successo scolastico.

2. Strategie per trattenere le informazioni durante la lettura dei libri di testo

I libri di testo presentano spesso informazioni dense e la loro lettura richiede approcci strategici per migliorare la memorizzazione. Fornite a vostro figlio strategie efficaci per trattenere le informazioni durante la lettura dei libri di testo:

1. Anteprima:
Insegnate a vostro figlio l'importanza di leggere in anteprima il materiale prima di addentrarsi in una lettura dettagliata. Questo comporta:

- Esaminare titoli e sottotitoli: Istruire il bambino a leggere i titoli e i sottotitoli dei capitoli per avere una visione d'insieme del contenuto.
  - Incoraggiare l'identificazione del testo sottolineato o evidenziato. Questi elementi spesso segnalano concetti chiave o informazioni importanti.

L'anteprima fornisce una tabella di marcia per il viaggio di lettura, rendendo più facile per il bambino anticipare e assorbire il contenuto.

2. Scomporre le informazioni:

Suddividere le informazioni in parti gestibili migliora la comprensione e la memorizzazione. Guidate vostro figlio a:

- Identificare i punti chiave: Insegnate a vostro figlio a identificare i punti chiave all'interno dei paragrafi o delle sezioni. Si tratta di idee centrali che racchiudono l'essenza del contenuto.
   - Incoraggiare la creazione di titoli mentali o scritti per le diverse parti dell'informazione. Questo aiuta a organizzare i pensieri e a formare una struttura mentale.

Il chunking trasforma l'esperienza di lettura semplificando le informazioni complesse in porzioni digeribili, facilitando una migliore comprensione.

3. Mappatura dei concetti

Introdurre la tecnica della mappatura concettuale per rappresentare visivamente le relazioni tra le diverse idee del testo. Questo comporta:

- Identificare i concetti fondamentali: Guidare il bambino a identificare i concetti fondamentali o le idee principali nel materiale.
   - Creare mappe visive: incoraggiare la creazione di mappe visive che colleghino questi concetti con i dettagli di supporto. Questa rappresentazione visiva migliora la comprensione.

La mappatura concettuale non solo rafforza la memorizzazione, ma favorisce anche una comprensione più profonda dell'interconnessione delle idee all'interno del testo.

Suggerimento pratico

Incoraggiate il bambino a usare il codice colore nelle mappe concettuali, associando colori specifici a diversi tipi di informazioni (ad esempio, concetti chiave, esempi, definizioni). Questo aggiunge un livello visivo che aiuta a conservare la memoria.

Incorporando queste strategie, vostro figlio potrà trasformare la sfida della lettura dei libri di testo in un'esperienza di apprendimento gratificante ed efficace. Nella prossima sezione esploreremo l'arte di utilizzare annotazioni e riassunti per una comprensione efficace, un'abilità che migliora ulteriormente la ritenzione delle informazioni.

3. Utilizzare annotazioni e sommari per una comprensione efficace

Le annotazioni e i riassunti sono strumenti potenti nell'arsenale del lettore, che migliorano la comprensione e rafforzano la comprensione. Guidate vostro figlio nell'utilizzo efficace di queste tecniche:

1. Creare note a margine
Incoraggiate vostro figlio a impegnarsi attivamente con il testo aggiungendo brevi note a margine. Questo può includere:

- Evidenziare i concetti chiave: Istruire il bambino a sottolineare o evidenziare concetti o informazioni importanti.
- Annotare pensieri e domande:** incoraggiare la pratica di annotare pensieri, domande o riflessioni direttamente a margine.
- Guidare il bambino a fare collegamenti tra le diverse parti del testo, favorendo una comprensione più profonda.

La creazione di note a margine trasforma l'esperienza di lettura in un dialogo interattivo, in cui il lettore risponde attivamente e collabora con il materiale.

2. Scrivere riassunti:
Insegnate a vostro figlio l'arte di riassumere sezioni del testo con parole proprie. Questo comporta:

-Identificare le idee principali: Guidare il bambino a identificare le idee principali o i temi centrali di ogni sezione.
- Esprimere le idee in modo conciso:** incoraggiarlo a esprimere queste

idee in modo conciso e con parole proprie.

- Promuovere l'impegno attivo: il riassunto richiede un impegno attivo, in quanto il bambino distilla informazioni complesse in intuizioni gestibili.

Scrivere riassunti non solo rafforza la comprensione, ma fornisce anche una versione condensata del materiale per un rapido ripasso.

Suggerimento pratico

Considerate la possibilità di introdurre simboli o annotazioni stenografiche che abbiano un significato personale per vostro figlio. Questo aggiunge un livello di individualità e rende il processo di annotazione più piacevole.

Incorporando annotazioni e riassunti nella loro routine di lettura, il bambino non solo consolida la comprensione del materiale, ma sviluppa anche capacità di pensiero critico. Nella prossima sezione, esamineremo casi di studio di studenti che hanno trasformato le loro abitudini di lettura in successi accademici, esempi reali che dimostrano l'impatto della lettura consapevole sul rendimento complessivo.

4. Casi di studio di studenti che hanno trasformato le loro abitudini di lettura per il successo accademico

Intraprendete un viaggio attraverso storie di vita reale di studenti che hanno assistito a una trasformazione significativa del loro rendimento scolastico grazie alla padronanza della lettura consapevole. Questi casi di studio evidenziano i percorsi unici di questi studenti, facendo luce sulle strategie specifiche che li hanno spinti a migliorare la comprensione e la ritenzione della lettura.

Il viaggio di Emma con l'impegno attivo:

Emma, una studentessa delle superiori alle prese con i libri di storia, ha scoperto il potere dell'impegno attivo. Ponendo domande, facendo previsioni e collegando gli eventi storici alle proprie esperienze, Emma non solo ha compreso meglio le narrazioni complesse, ma ha anche sviluppato un interesse genuino per la materia. I suoi voti sono migliorati perché la lettura è diventata un'esperienza interattiva e stimolante.

Il successo di Alex grazie alla visualizzazione

Alex, uno studente di scuola media che aveva difficoltà con le materie scientifiche, ha trovato il successo grazie alla visualizzazione. Creando immagini mentali dei processi e dei concetti scientifici, Alex non solo ha afferrato il materiale in modo più efficace, ma ha anche scoperto un nuovo apprezzamento per le meraviglie della scienza. I suoi voti riflettono l'impatto positivo dell'integrazione della visualizzazione nella sua routine di lettura.

Il trionfo dell'annotazione di Olivia

Olivia, appassionata di letteratura al college, faticava a cogliere le sfumature dei testi letterari. Dopo aver incorporato l'annotazione nella sua routine di lettura, Olivia ha iniziato a sottolineare i passaggi chiave, ad annotare riflessioni e a fare collegamenti tra personaggi e temi. Il risultato è stato un profondo miglioramento della sua comprensione delle opere letterarie e un aumento del rendimento scolastico.

Domande di riflessione

1. Quale tecnica di comprensione della lettura risuona maggiormente con vostro figlio?

- Discutete con vostro figlio delle diverse tecniche di comprensione della lettura evidenziate nei casi di studio. Identificate quelle che si allineano con le loro preferenze di lettura e incoraggiate la sperimentazione.

2. Come può vostro figlio integrare annotazioni e riassunti nella sua routine di lettura?

- Esplorate modi pratici per incorporare annotazioni e riassunti nelle abitudini di lettura di vostro figlio. Adattate queste tecniche in modo che siano efficaci e personalizzate, tenendo conto dello stile di apprendimento unico di vostro figlio.

Mentre esploriamo il mondo della lettura consapevole attraverso questi casi di studio, ricordate che la lettura non è solo un compito, ma un'opportunità di crescita, curiosità ed eccellenza accademica. Nella prossima sezione, sveleremo le strategie di preparazione agli esami, un aspetto cruciale del percorso accademico che fornisce a vostro figlio gli strumenti necessari per eccellere nelle valutazioni.

Capitolo 6: Strategie di preparazione agli esami

Sbloccare il successo: Come navigare nel percorso verso l'eccellenza negli esami

Benvenuti al sesto capitolo di "Studiare con intelligenza: Trucchi accademici per bambini e ragazzi". In questo capitolo intraprendiamo un viaggio nel regno delle strategie di preparazione agli esami, un aspetto cruciale del percorso accademico che fornisce a vostro figlio gli strumenti necessari per eccellere nelle valutazioni. Esplorate con noi l'arte di creare un piano di studio completo per gli esami, approfondite le tecniche di memorizzazione efficaci, scoprite i consigli per gestire l'ansia da esame e immergetevi nelle storie di successo di studenti che hanno cambiato la loro preparazione agli esami.

1. Creare un piano di studio completo per gli esami

Per intraprendere il viaggio di preparazione agli esami è necessario un piano di studio ben strutturato. Seguite queste strategie per creare un piano di studio completo che non solo garantisca una copertura completa del materiale, ma che mantenga anche un approccio equilibrato ed efficace:

1. Dare priorità agli argomenti:
   Guidate vostro figlio nell'arte di stabilire le priorità per sfruttare al meglio il suo tempo di studio. Questo comporta:

- Capire il peso dell'esame: Aiutare il bambino a identificare gli argomenti che hanno un'importanza maggiore o un punteggio più alto all'esame.

 - Categorizzare gli argomenti: Incoraggiare la categorizzazione degli argomenti in alta, media e bassa priorità in base alla loro importanza.

 - Creare una sequenza: Stabilire una sequenza logica per affrontare gli argomenti, iniziando dalle aree ad alta priorità.

La definizione delle priorità degli argomenti assicura che il bambino si concentri prima sui contenuti più critici, massimizzando l'impatto dei suoi sforzi di studio.

2. Suddividere le sessioni di studio

 Sostenete una tecnica di studio che favorisca la concentrazione e prevenga l'esaurimento. Questo comporta:

- Sessioni più brevi e mirate: raccomandate sessioni di studio con una durata in linea con la capacità di attenzione del bambino. Le sessioni brevi e focalizzate sono più efficaci di quelle prolungate e non focalizzate.

 - Incorporare le pause:** Suggerite di incorporare brevi pause tra le sessioni di studio per prevenire l'affaticamento mentale. Le pause possono includere attività come lo stretching, una breve passeggiata o uno spuntino sano.

Suddividere le sessioni di studio in parti gestibili mantiene i livelli di energia e migliora la concentrazione generale.

3. Stabilire obiettivi realistici:

 Incoraggiate vostro figlio a fissare obiettivi raggiungibili in ogni sessione di studio. Questo include:

- Obiettivi specifici: Guidate vostro figlio a definire obiettivi specifici per ogni sessione di studio, come il completamento di un determinato numero di problemi, la lettura di un capitolo specifico o la padronanza di un particolare concetto.

- Progressi misurabili:** Sottolineate l'importanza di progressi misurabili per tenere traccia dei risultati ottenuti. Questo può comportare l'annotazione dei compiti completati o la tenuta di un diario di studio.

- Flessibilità e adattamento:** Instillare l'idea che gli obiettivi possono essere modificati in base ai progressi e alla comprensione. La flessibilità consente di adattarsi al percorso di apprendimento.

Stabilire obiettivi realistici dà un senso di realizzazione e motiva il bambino a rimanere in carreggiata durante il periodo di preparazione agli esami.

Suggerimento pratico

Considerate la possibilità di coinvolgere vostro figlio nella creazione del piano di studio. Questo approccio collaborativo favorisce un senso di appartenenza e garantisce che il piano sia in linea con le sue esigenze e preferenze individuali.

Se il bambino elabora e segue questo piano di studio completo, potrà navigare lungo il percorso di una preparazione efficace e affrontare il giorno dell'esame con fiducia. Nella prossima sezione esploreremo le tecniche di memorizzazione efficaci, una componente fondamentale per una preparazione di successo agli esami.

2. Tecniche di memorizzazione efficaci

La memorizzazione è un'abilità fondamentale nella preparazione degli esami. Fornite a vostro figlio queste efficaci tecniche di memorizzazione per migliorare il processo di apprendimento, rendendolo efficiente e piacevole:

1. Visualizzazione per il richiamo

Introducete la potente tecnica della visualizzazione per aiutare il richiamo della memoria. Si tratta di:

- Creare immagini mentali: Incoraggiare il bambino a formare immagini mentali vivide associate a concetti o informazioni chiave.

- Guidare il bambino nella costruzione di una narrazione che incorpori queste immagini mentali, creando una storia memorabile e interconnessa.

La visualizzazione impegna il lato creativo del cervello, rendendo il processo di memorizzazione più dinamico e duraturo.

2. Mnemotecniche e acronimi:

Esplorate l'uso di mnemotecniche o acronimi come ausili creativi per la memoria. Questa tecnica prevede:

- Creare dispositivi mnemonici: Aiutare il bambino a creare dispositivi mnemonici che trasformino le informazioni in frasi, rime o acronimi memorabili.

- Incoraggiare la creazione di collegamenti tra la mnemonica e le informazioni che rappresenta.

Le mnemotecniche e gli acronimi forniscono un approccio ludico e associativo alla memorizzazione, migliorando la ritenzione attraverso collegamenti creativi.

3. Ripetizione e richiamo

Sottolineare l'importanza della ripetizione e degli esercizi di richiamo per rafforzare la conservazione della memoria. Questo include:

- Ripasso regolare: Guidare il bambino a rivedere regolarmente il materiale precedentemente appreso per rafforzare le connessioni neurali.

- Autoverifica: Incoraggiate l'autoverifica, in cui il bambino ricorda attivamente le informazioni senza bisogno di suggerimenti esterni.

- Quiz e flashcard:** Incorporare quiz o flashcard nelle sessioni di studio per rafforzare la memoria attraverso il recupero ripetuto.

La ripetizione e gli esercizi di richiamo consolidano le informazioni nella memoria a lungo termine, contribuendo a una ritenzione duratura.

Suggerimento pratico

Incorporate queste tecniche nella routine quotidiana o create uno spazio dedicato alla visualizzazione, alle mnemotecniche o agli esercizi di richiamo. La pratica costante aumenta l'efficacia di queste strategie di memorizzazione.

Quando vostro figlio adotterà queste tecniche di memorizzazione, trasformerà il processo di apprendimento in un impegno significativo con il materiale, ponendo le basi per una prestazione sicura agli esami. Nella prossima sezione, esamineremo i consigli per gestire l'ansia da esame, un aspetto cruciale della preparazione agli esami che contribuisce a creare una mentalità positiva e concentrata il giorno dell'esame.

3. Consigli per gestire l'ansia da esame

La gestione dell'ansia da esame è essenziale per mantenere una mentalità positiva e concentrata durante gli esami. Fornite a vostro figlio consigli pratici per gestire l'ansia in modo efficace:

1. Tecniche di respirazione profonda

Insegnate a vostro figlio gli esercizi di respirazione profonda come potente strumento per alleviare lo stress e rilassarsi. Si tratta di:

- Respirazione diaframmatica: Guidare il bambino a respirare profondamente dal diaframma, concentrandosi su inspirazioni ed espirazioni lente e controllate.

- Introdurre pratiche di mindfulness in cui il bambino presta attenzione al proprio respiro, aiutandolo a rimanere presente e centrato.

Le tecniche di respirazione profonda sono un metodo rapido e accessibile per calmare i nervi e promuovere un senso di controllo.

2. Affermazioni positive:

Incoraggiate l'uso di affermazioni positive per coltivare una mentalità fiduciosa e ottimista. Questo include:

- Creazione di affermazioni personalizzate: Assistere il bambino nella creazione di affermazioni che rafforzino le sue capacità, i suoi punti di forza e il suo potenziale di successo.
   - Suggerite a vostro figlio di recitare regolarmente queste affermazioni, soprattutto nei momenti di stress.

Le affermazioni positive spostano l'attenzione dall'ansia al potere, favorendo una mentalità favorevole al successo.

3. Abitudini di vita sane:

Sottolineate l'importanza di mantenere uno stile di vita sano per favorire il benessere generale durante i periodi di esame. Questo comporta:

- Dormire a sufficienza: Assicurarsi che il bambino abbia un sonno adeguato e riposante, in quanto ha un impatto diretto sulle funzioni cognitive e sulla resilienza emotiva.
   - Alimentazione equilibrata: Sottolineare l'importanza di una dieta equilibrata, che fornisca i nutrienti necessari per sostenere l'energia e la chiarezza mentale.
   - Esercizio fisico regolare: Incoraggiare l'attività fisica, poiché è dimostrato che l'esercizio fisico riduce lo stress e migliora l'umore.

Uno stile di vita sano costituisce la base per un'efficace gestione dello stress e promuove prestazioni ottimali.

Suggerimento pratico

Integrate queste tecniche di gestione dell'ansia nella routine quotidiana, creando un approccio olistico al benessere che vada oltre il periodo degli esami.

Se vostro figlio incorpora questi consigli nella sua routine di preparazione agli esami, non solo aumenterà le sue possibilità di successo, ma favorirà anche un approccio positivo e resiliente alle sfide. Nella prossima sezione, ci immergeremo in storie di successo di studenti che hanno cambiato la loro preparazione agli esami: storie ispirate di perseveranza, crescita e successo.

4. Storie di successo di studenti che hanno cambiato la loro preparazione agli esami

Intraprendete un viaggio attraverso storie di successo ispirate dalla vita reale di studenti che hanno assistito a una trasformazione significativa del loro rendimento accademico. Queste storie illuminano le strategie e le mentalità specifiche che hanno spinto questi studenti verso il successo, offrendo spunti preziosi per il percorso di vostro figlio.

Domande di riflessione

1. Come può vostro figlio personalizzare il suo piano di studio per ottenere la massima efficacia?
   - Discutete con vostro figlio sulla personalizzazione del suo piano di studio. Incoraggiatelo a considerare il suo stile di apprendimento unico, le sue preferenze e gli ambienti in cui si trova meglio. Adattando il piano di studio alle sue esigenze individuali, vostro figlio potrà migliorarne l'efficacia.

2. Quale tecnica di memorizzazione è più adatta a vostro figlio?
   - Esplorate le varie tecniche di memorizzazione con vostro figlio e identifi-cate quella che si adatta maggiormente alle sue preferenze di apprendimento. Che si tratti di visualizzazione, mnemotecnica o ripetizione, trovare la tecnica che si allinea ai suoi punti di forza migliora il processo di memorizzazione.

3. Quali tecniche di rilassamento può adottare vostro figlio per gestire l'ansia da esame?
   - Collaborate con vostro figlio per identificare e integrare le tecniche

di rilassamento più adatte alle sue esigenze. Che si tratti di respirazione profonda, affermazioni positive o altre pratiche calmanti, lo sviluppo di un kit di strumenti per gestire l'ansia da esame contribuisce non solo al successo dell'esame ma anche al benessere generale.

Mentre ci immergiamo in queste storie di successo, ricordiamo che il viaggio verso i risultati accademici è segnato dalla crescita, dalla resilienza e dall'applicazione di strategie efficaci. Nella prossima sezione esploreremo i benefici della collaborazione e dei gruppi di studio, un approccio dinamico all'apprendimento che favorisce un senso di comunità e di conoscenza condivisa.

Capitolo 7: Collaborazione e gruppi di studio

Liberare la saggezza collettiva: Il potere dei gruppi di studio

Benvenuti al settimo capitolo di "Studiare con intelligenza: Trucchi accademici per bambini e ragazzi". In questo capitolo ci addentriamo nel regno della collaborazione e dei gruppi di studio, un approccio dinamico all'apprendimento che favorisce un senso di comunità e di conoscenza condivisa. Scoprite insieme a noi i vantaggi dell'apprendimento collaborativo, discutete di come partecipare efficacemente ai gruppi di studio, approfondite le dinamiche di gruppo per migliorare la comprensione e immergetevi in storie personali di esperienze di gruppo di studio di successo.

1. I benefici dell'apprendimento collaborativo

Benvenuti nel mondo trasformativo dell'apprendimento collaborativo, dove la saggezza collettiva dei pari diventa un potente strumento per il successo accademico. Qui esploriamo i numerosi vantaggi che vanno oltre lo studio individuale, creando un ambiente cooperativo che celebra la conoscenza condivisa e la crescita collettiva.

Prospettive diverse

In un ambiente di apprendimento collaborativo, vostro figlio ha l'opportunità di abbracciare i diversi punti di vista e le intuizioni dei suoi compagni.

49

Questo favorisce un ricco arazzo di idee e prospettive che possono arricchire in modo significativo la comprensione della materia. Impegnandosi con diversi punti di vista, il bambino non solo amplia le proprie conoscenze, ma sviluppa anche una comprensione più sfumata e completa della materia.

Miglioramento della capacità di risolvere i problemi.

L'apprendimento collaborativo non si limita a condividere le informazioni, ma sfida i partecipanti a impegnarsi in attività di problem solving collaborativo. Affrontando i problemi in gruppo, il bambino affina le sue capacità di pensiero critico. Il processo di discussione, analisi e soluzione collettiva dei problemi non solo rafforza la loro comprensione, ma li espone anche ad approcci e strategie alternativi che potrebbero non aver considerato autonomamente.

Risorse condivise

Uno dei vantaggi principali dell'apprendimento collaborativo è la possibilità di accedere a risorse condivise, materiali di studio e strategie che potrebbero non essere state scoperte individualmente. I compagni mettono a disposizione una grande quantità di risorse, da materiali supplementari a metodi di studio unici. Questa condivisione collaborativa non solo amplia la gamma di risorse disponibili, ma espone il bambino a diverse tecniche di apprendimento, migliorando in ultima analisi il suo kit di strumenti di studio.

Nell'ambiente cooperativo dell'apprendimento collaborativo, ogni partecipante diventa al tempo stesso discente e insegnante, contribuendo alla condivisione delle conoscenze e facendo progredire collettivamente la comprensione del gruppo.

Domande di riflessione

1. In che modo l'apprendimento collaborativo ha giovato a vostro figlio in passato?

    - Riflettete sui casi in cui vostro figlio si è impegnato nell'apprendimento collaborativo e considerate i risultati positivi, sia in termini di miglioramento della comprensione, di acquisizione di prospettive diverse o di miglioramento delle capacità di risoluzione dei problemi.

2. In che modo vostro figlio può contribuire attivamente ad ambienti di apprendimento collaborativi?
- Discutete con vostro figlio su come può impegnarsi attivamente in contesti di apprendimento collaborativo, sia condividendo le proprie intuizioni, sia partecipando a discussioni o contribuendo con risorse.

3. Quali materie o argomenti potrebbero trarre particolare beneficio dall'apprendimento collaborativo per vostro figlio?
- Identificate materie o argomenti specifici in cui l'apprendimento collaborativo potrebbe essere particolarmente vantaggioso per vostro figlio, considerando il potenziale di prospettive diverse e risorse condivise.

Mentre esploriamo i vantaggi dell'apprendimento collaborativo, ricordiamo che il viaggio verso l'eccellenza accademica non è solitario, ma è uno sforzo collettivo in cui la conoscenza condivisa diventa un catalizzatore per la crescita. Nella prossima sezione approfondiremo le strategie efficaci per una partecipazione attiva e significativa ai gruppi di studio, un elemento dinamico dell'apprendimento collaborativo.

2. Come partecipare efficacemente ai gruppi di studio

Benvenuti nel vivace regno dei gruppi di studio, uno spazio in cui la partecipazione attiva non solo arricchisce l'esperienza di apprendimento di vostro figlio, ma trasforma anche il collettivo in una forza dinamica di successo. In questa sezione esploreremo le strategie efficaci per guidare vostro figlio nella partecipazione attiva e significativa ai gruppi di studio.

Impegno attivo
Incoraggiate vostro figlio a partecipare attivamente al gruppo di studio. Questo comporta:

- Partecipare alle discussioni: Partecipare attivamente alle discussioni di gruppo condividendo intuizioni, ponendo domande ed esprimendo opinioni. Questo non solo contribuisce alla comprensione collettiva, ma migliora anche la comprensione dell'argomento da parte di vostro figlio.

- Contribuire con prospettive uniche: Sottolineare il valore delle loro prospettive uniche. Incoraggiate vostro figlio a condividere i suoi punti di vista, perché questa diversità arricchisce l'esperienza di apprendimento complessiva per tutti i partecipanti.

L'impegno attivo trasforma i gruppi di studio da incontri passivi in centri dinamici di conoscenza condivisa.

Responsabilità e responsabilità
Sottolineate l'importanza della responsabilità individuale e della responsabilità reciproca all'interno del gruppo di studio. Questo include:

- Completamento dei compiti individuali: Incoraggiate vostro figlio a completare i compiti assegnati con diligenza e puntualità. Questo non solo garantisce il loro contributo al progresso del gruppo, ma favorisce anche il senso di responsabilità.

- Responsabilità reciproca: Sottolineate l'importanza di ritenere ogni membro del gruppo responsabile dei propri contributi. Questo crea un ambiente collaborativo in cui tutti sono coinvolti nel successo del gruppo.

Una cultura della responsabilità e del rendiconto assicura che ogni membro contribuisca attivamente al percorso di apprendimento collettivo.

Comunicazione efficace
Guidate vostro figlio a coltivare capacità di comunicazione efficace all'interno del gruppo di studio. Questo comporta:

- Carità e concisione: Incoraggiate una comunicazione chiara e concisa per garantire che le idee siano trasmesse in modo efficace. Questa chiarezza favorisce una comprensione più profonda tra i membri del gruppo.

- Ascolto attivo: Sottolineare l'importanza dell'ascolto attivo durante le interazioni di gruppo. Questo assicura che vostro figlio comprenda le prospettive degli altri e facilita uno scambio di idee più produttivo.

Una comunicazione efficace costituisce la spina dorsale di una collaborazione di successo, che favorisce un ambiente di gruppo di studio solidale e costruttivo.

Domande di riflessione

1. Come può vostro figlio contribuire attivamente alle discussioni in un gruppo di studio?
   - Discutete con vostro figlio le strategie per partecipare attivamente alle discussioni, sia condividendo intuizioni, sia ponendo domande, sia contribuendo con le loro prospettive uniche.

2. In che modo vostro figlio può promuovere il senso di responsabilità all'interno del gruppo di studio?
   - Esplorate i modi in cui vostro figlio può assumersi responsabilità individuali all'interno del gruppo di studio, assicurando che i compiti siano portati a termine in modo efficiente e che si contribuisca al raggiungimento degli obiettivi del gruppo.

3. Come può vostro figlio migliorare le sue capacità di comunicazione all'interno del gruppo di studio?
   - Riflettete sui modi in cui vostro figlio può migliorare le sue capacità di comunicazione, assicurandosi che le sue idee siano trasmesse in modo chiaro e che ascolti attivamente i suoi compagni.

Mentre ci addentriamo nell'arte della partecipazione efficace ai gruppi di studio, ricordiamo che la sinergia dello sforzo collettivo spinge ogni membro verso l'eccellenza accademica. Nella prossima sezione scopriremo il potenziale trasformativo di sfruttare le dinamiche di gruppo per aumentare la comprensione, elemento chiave dell'esperienza di apprendimento collaborativo.

3. Sfruttare le dinamiche di gruppo per aumentare la comprensione

Nel regno dinamico dei gruppi di studio, la sinergia delle dinamiche di gruppo diventa un catalizzatore per aumentare la comprensione e la ritenzione. Esploriamo le strategie per sbloccare il pieno potenziale delle dinamiche di gruppo, trasformando le sessioni di studio in esperienze di apprendimento collaborativo che trascendono le capacità individuali.

Insegnamento tra pari

Incoraggiate vostro figlio ad assumere il ruolo di insegnante alla pari all'interno del gruppo di studio. Questo comporta:

- Spiegare i concetti agli altri: Incaricare il bambino di spiegare i concetti più difficili ai suoi compagni. L'atto di insegnare rafforza la sua comprensione del materiale, fornendo allo stesso tempo preziosi spunti ai compagni del gruppo.

- Discussioni interattive:** Promuovete discussioni interattive in cui ogni membro, a turno, insegna e impara dagli altri. Questo scambio dinamico di conoscenze migliora la comprensione collettiva della materia.

L'insegnamento tra pari non solo rafforza la comprensione di vostro figlio, ma contribuisce anche alla comprensione generale del gruppo.

Risolvere i problemi in modo collaborativo.

Impegnarsi in attività di problem solving collaborativo che sfruttano le conoscenze e le competenze collettive di tutti i partecipanti. Questo include:

- Affrontare insieme problemi complessi: Incoraggiare il gruppo ad affrontare problemi impegnativi in modo collaborativo. La diversità degli approcci e delle intuizioni all'interno del gruppo migliora le capacità di risoluzione dei problemi ed espone ogni membro a diverse tecniche di risoluzione dei problemi.

- Applicare la conoscenza combinata: Utilizzare la conoscenza collettiva del gruppo per affrontare problemi con molte sfaccettature. Questo approccio collaborativo consente una comprensione più completa di concetti complessi.

La risoluzione collaborativa dei problemi trasforma il gruppo di studio in uno spazio dinamico per l'esplorazione intellettuale e lo sviluppo delle competenze.

Cicli di feedback

Stabilire cicli di feedback all'interno del gruppo di studio per fornire critiche costruttive e sostenere il miglioramento continuo. Questo comporta:

- Sessioni regolari di feedback: Incorporare sessioni regolari in cui i membri del gruppo si forniscono reciprocamente un feedback costruttivo. Questo ciclo di feedback promuove una cultura del miglioramento continuo.

- Celebrare i successi e affrontare le sfide: Riconoscere i successi all'interno del gruppo e affrontare le sfide. Un ambiente di feedback favorevole favorisce un'atmosfera positiva e collaborativa.

I cicli di feedback creano un ciclo di crescita all'interno del gruppo di studio, elevando la comprensione collettiva di ciascun membro.

Domande di riflessione

1. Come può vostro figlio impegnarsi attivamente nell'insegnamento tra pari all'interno del gruppo di studio?

- Discutete con vostro figlio le strategie per assumere il ruolo di insegnante alla pari, spiegando i concetti agli altri per rafforzarne la comprensione.

2. In che modo vostro figlio può contribuire alle attività di collaborazione per la risoluzione dei problemi all'interno del gruppo?
- Esplorate gli approcci per far sì che vostro figlio si impegni attivamente nella risoluzione di problemi collaborativi, sfruttando le conoscenze e le competenze combinate del gruppo.

3. Come possono i cicli di feedback migliorare l'esperienza del gruppo di studio per vostro figlio?
- Riflettete sull'importanza dei cicli di feedback all'interno del gruppo di studio e discutete su come possono contribuire a creare un ambiente di supporto e di crescita.

Nel liberare il potenziale delle dinamiche di gruppo per una maggiore comprensione, ricordate che il viaggio collettivo verso l'eccellenza accademica è segnato da intuizioni condivise, risoluzione collaborativa dei problemi e miglioramento continuo. Nella prossima sezione ci immergeremo in storie personali di esperienze di gruppo di studio di successo, traendo ispirazione dall'impatto trasformativo della collaborazione nei percorsi accademici.

4. Storie personali di esperienze di gruppo di studio di successo

Benvenuti in una raccolta di storie ispirate di vita reale che illuminano il potere trasformativo dei gruppi di studio nei percorsi accademici. Queste storie fungono da faro di ispirazione, dimostrando come la partecipazione attiva all'apprendimento collaborativo possa determinare il successo scolastico.

La storia di Emily: Superare le sfide attraverso lo sforzo collettivo

Emily, una studentessa delle superiori, inizialmente aveva difficoltà con concetti matematici complessi. Frustrata, si è unita a un gruppo di studio in cui si sono riuniti coetanei con diversi punti di forza. Grazie alla partecipazione attiva e all'insegnamento tra pari, Emily non solo ha afferrato i concetti difficili, ma ha anche scoperto la propria attitudine a spiegarli agli altri. Il gruppo di studio è diventato uno spazio in cui i punti di forza unici di ciascun membro hanno contribuito alla comprensione collettiva, trasformando le sfide accademiche di Emily in trionfi.

Il viaggio di Jonathan: Dallo studio solitario alla soluzione dinamica dei problemi.

Jonathan, studente universitario di ingegneria, è passato dallo studio in solitaria alla partecipazione attiva ai gruppi di studio. Inizialmente esitante a condividere le sue idee, Jonathan ha trovato nel gruppo l'incoraggiamento a impegnarsi nella risoluzione collaborativa dei problemi. Sfruttando le dinamiche di gruppo, Jonathan si è reso conto del potere della conoscenza combinata e delle diverse prospettive nell'affrontare problemi ingegneristici complessi. L'esperienza del gruppo di studio non solo ha migliorato la sua comprensione, ma ha anche potenziato le sue capacità di risoluzione dei problemi, ponendo le basi per il successo accademico.

Il successo di Sarah: Navigare nel mondo della letteratura grazie a intuizioni condivise.

Sarah, appassionata di letteratura, si è unita a un gruppo di studio per approfondire l'analisi letteraria. Il gruppo si è impegnato in vivaci discussioni, in cui ogni membro ha condiviso intuizioni uniche sui testi che stava studiando. Attraverso interpretazioni collaborative e cicli di feedback, Sarah ha scoperto nuove prospettive che hanno arricchito la sua comprensione della letteratura. Il gruppo di studio non solo ha migliorato il suo rendimento scolastico, ma ha anche alimentato la sua passione per l'esplorazione letteraria.

Domande di riflessione

1. Come può vostro figlio contribuire attivamente a un gruppo di studio?

- Riflettete su queste storie con vostro figlio e discutete su come può contribuire attivamente ai gruppi di studio. Incoraggiateli a condividere i loro punti di forza, a impegnarsi nell'insegnamento tra pari e a partecipare attivamente alle discussioni.

2. In che modo vostro figlio può sfruttare le dinamiche di gruppo per migliorare la comprensione?

- Esplorate le strategie utilizzate dagli studenti in queste storie e discutete con vostro figlio su come partecipare attivamente alle dinamiche di gruppo. Sottolineate i vantaggi della risoluzione collaborativa dei problemi, dell'insegnamento tra pari e del feedback costruttivo.

3. Quali benefici spera di ottenere partecipando ai gruppi di studio?

- Collegate le storie alle aspettative e agli obiettivi di vostro figlio nel partecipare ai gruppi di studio. Incoraggiateli a immaginare i potenziali benefici, che si tratti di superare le sfide, migliorare la comprensione o promuovere la passione per l'apprendimento.

Traendo ispirazione da queste storie personali, riconosciamo che il viaggio verso l'eccellenza accademica si arricchisce quando la conoscenza viene condivisa e la crescita collettiva viene celebrata. Nella sezione conclusiva, rifletteremo sul viaggio accademico, incoraggeremo l'auto-riflessione e forniremo parole di incoraggiamento per un successo duraturo.

Conclusione: Riflessione sul percorso scolastico di vostro figlio

Conclusione: Riflessione sul percorso scolastico di vostro figlio

Al termine di questa esplorazione delle strategie per il successo scolastico, prendetevi un momento per riflettere sui progressi di vostro figlio, incoraggiare l'auto-riflessione e promuovere l'amore per l'apprendimento per tutta la vita.

Incoraggiare l'auto-riflessione di vostro figlio sui progressi e sui miglioramenti.

Questo è il momento perfetto per i vostri figli per fare una pausa e considerare il loro percorso scolastico. Incoraggiatelo a pensare alle sfide che ha superato, alle abilità che ha sviluppato e alla crescita che ha sperimentato. L'auto-riflessione è uno strumento potente per riconoscere i risultati ottenuti, comprendere le aree di miglioramento e apprezzare il viaggio verso il successo.

Domande di riflessione per il vostro bambino

1. Quali sfide accademiche hai affrontato e come sei cresciuto superandole?
2. In che modo le tue abitudini di studio si sono evolute nel corso di questo percorso e quali strategie si sono rivelate più efficaci per te?
3. Quali sono i risultati ottenuti nei tuoi sforzi accademici che ti rendono

più orgoglioso e soddisfatto?

Favorire l'amore per l'apprendimento per tutta la vita

Ricordate a vostro figlio che l'istruzione non riguarda solo i voti, ma è un'avventura che dura tutta la vita. Discutete con loro le materie o gli argomenti che accendono la loro curiosità e passione per l'apprendimento. Incoraggiate l'esplorazione al di là della classe e sosteneteli nella definizione di obiettivi educativi personali. Coltivare l'amore per l'apprendimento fa sì che ogni tappa del loro percorso educativo sia accolta con entusiasmo e soddisfazione.

Domande di riflessione per il vostro bambino

1. Quali sono le materie o gli argomenti che trovi più intriganti e stimolanti?
2. Come puoi continuare a coltivare la tua curiosità e il tuo amore per l'apprendimento al di fuori dell'attività accademica formale?
3. Quali obiettivi o aspirazioni educative vorresti perseguire in futuro?

Parole d'incoraggiamento per il successo accademico di vostro figlio

Mentre vostro figlio percorre la strada del successo accademico, ricordategli che le sfide sono opportunità di crescita, le battute d'arresto sono temporanee e il loro potenziale è illimitato. Incoraggiate la perseveranza, una mentalità positiva e la fiducia nelle proprie capacità. Condividete con loro queste parole di commiato:

"Abbracciate il vostro percorso formativo con apertura e curiosità. I vostri punti di forza unici, uniti ad abitudini di studio efficaci e al supporto dell'apprendimento collaborativo, continueranno a spingervi verso il successo accademico. Ricordate che ogni sfida è un'opportunità per crescere e ogni trionfo è una testimonianza delle vostre capacità. Continuate a imparare, a esplorare e ad assaporare la gioia della conoscenza. Il vostro percorso accademico è una storia in divenire: costruitela con passione, determinazione e un amore per l'apprendimento che durerà tutta la vita".

Congratulazioni a vostro figlio per il suo impegno verso l'eccellenza accademica. Che il loro percorso scolastico sia pieno di scoperte e successi continui. Auguri per tutti i loro futuri sforzi nell'apprendimento.

Appendice: Risorse aggiuntive

Per sostenere ulteriormente il percorso scolastico di vostro figlio, abbiamo compilato un elenco di libri, applicazioni e siti web consigliati. Inoltre, abbiamo incluso strumenti e risorse per un'efficace gestione e organizzazione del tempo. Di seguito troverete una selezione curata di fonti per migliorare l'esperienza di apprendimento di vostro figlio.

Applicazioni consigliate:

- Forest: Stay Focused: Un'applicazione per la produttività che aiuta gli utenti a rimanere concentrati e a gestire efficacemente il proprio tempo di studio.
    - Quizlet: Un'applicazione per la creazione di flashcard digitali e set di studio che aiutano a conservare la memoria.
    - Trello: Un'applicazione versatile per la gestione dei progetti che può essere adattata all'organizzazione dei programmi e dei compiti di studio.

Siti web consigliati:

- Khan Academy: Una piattaforma online che offre contenuti didattici gratuiti in varie materie, fornendo lezioni interattive ed esercitazioni.
    - Coursera: Una piattaforma di apprendimento online che offre corsi di università e college di tutto il mondo, con un'ampia gamma di argomenti.

Strumenti e risorse per la gestione del tempo e l'organizzazione:

- Google Calendar: Un calendario online facile da usare per programmare sessioni di studio, compiti e attività extrascolastiche.
    - Tecnica del Pomodoro: Una tecnica che consiste nel suddividere il tempo di studio in intervalli (in genere 25 minuti) separati da brevi pause, favorendo un lavoro concentrato ed efficiente.
    - Un'applicazione per la gestione delle attività che consente di creare elenchi di cose da fare e di stabilire priorità per le attività accademiche e personali.

Queste risorse hanno lo scopo di fornire ulteriore supporto e strumenti per il percorso scolastico di vostro figlio. Incoraggiate l'esplorazione e trovate quelle che si allineano meglio con le loro preferenze e obiettivi di apprendimento.

Milton Keynes UK
Ingram Content Group UK Ltd.
UKHW020841220224
438295UK00013B/392